Widmung
und Dank

Abenteuer

Genieße die
peitschende Gischt,
den Wind,
der Dir ins Gesicht bläst
und den Atem raubt,
genieße die
Herausforderungen.

Sie sind das gewisse Etwas,
die pikante Würze,
sie gehören zum Leben.

Stille

In der Stille
gedeihen die
wirklich großen Dinge.

Symphonie

Einzeln
sind wir Töne,
zusammen
eine Symphonie.

Geduld

eine oft vergessene Tugend

Säe, pflege und
hätschle Deine
Saat und freue
Dich auf den Tag,
wo sie erstmals
ihre zarten
Spitzen zeigt.

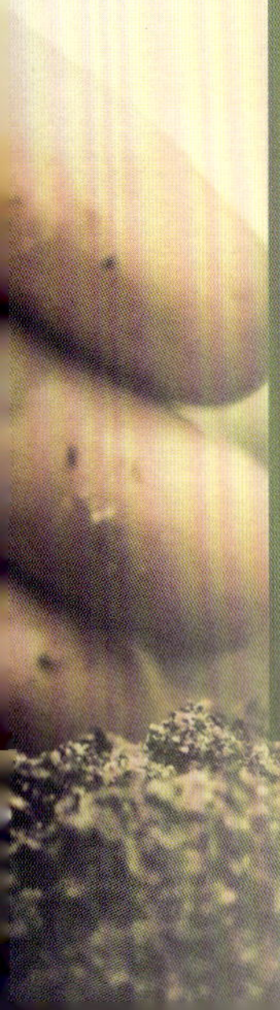

Persönlichkeit

Entscheidend ist nicht
was Du bist,
sondern was Du
daraus machst.

Der Diamant
als Roh-Stein -
verborgen sein Charakter,
entdecke den
Diamanten in Dir!

Erwartung

Es guckt Dir immer
das entgegen,
was Du erwartest,
was Du von Dir
selber denkst,
wie Du Dich fühlst.

Lebenstraum

Träume
Dein Leben,
lebe
Deinen Traum.

Nimm dir Zeit

um zu arbeiten.

Nimm dir Zeit
um nachzudenken.

Nimm dir Zeit
um zu spielen.

Nimm dir Zeit
um zu lesen.

Nimm dir Zeit
um freundlich zu sein.

Nimm dir Zeit
um zu träumen.

Nimm dir Zeit
um zu lieben.

Nimm dir Zeit
um froh zu sein.

Ziele

Auch der längste Weg
beginnt mit dem
ersten Schritt.

Schreite vertrauensvoll
und motiviert
in Richtung Deines Zieles!

Lernen

Entleere Dein Glas mit
den vorgefassten
Meinungen und bereite
es vor für neue Inhalte.

Groß ist nicht, wer meint,
alles selber zu können,
sondern wer bereit ist
dazuzulernen.

Aufwärts

Ich blickte zurück und sah,
dass aus den Steinen
auf meinem Weg
die Treppe zum Erfolg
geworden war.

Keine Zeit

Überlege:
Wie soll ein Baum
gefällt werden
ohne ein
scharfes Sägeblatt?

„Wann schärfst du
dein Sägeblatt?“

Mut

Tue das,
wovor Du Angst hast
und das Ende der Angst
ist Dir sicher.

Lächeln

Ein Lächeln ist die
schönste Form, anderen
die Zähne zu zeigen.

Das Lächeln
ist die kürzeste
Verbindung zwischen
zwei Menschen.

Leben lernen

Von der Sonne lernen -
zu wärmen,
von den Wolken lernen -
leicht zu schweben,
von den Blumen
das Leuchten lernen,
von den Steinen
das Bleiben lernen.
Von den Jahreszeiten lernen -
dass das Leben immer
von neuem beginnt...

Ute Latendorf

Begeisterung

ist eine der
höchstbezahlten Eigenschaften
der Welt!

Tue alles
was Du anpackst
mit Begeisterung!

Ideen

Nichts auf der Welt
ist so mächtig,
wie eine Idee,
deren Zeit gekommen ist.

(Victor Hugo)

„Alt ist,
wer an der Vergangenheit
mehr Freude hat,
als an der Zukunft."
(John Knittel)

Jugend

Entschließe Dich
jetzt im Geiste jung
und vital zu sein -
und zu bleiben!

„Folge Deinem Inneren."

Erfolg

Erfolg ist das,
was erfolgt,
wenn man
sich selbst folgt.

(Klaus Kobjoll)

„Eine liebevolle
Umarmung
bringt positive
Energie zurück.“

Energie

Die wohl häufigsten
Energieräuber sind:
Streit, Wut, Zorn,
Hass und Neid.

Vermeide diese und
Du fühlst Dich
ausgeglichen
und voll unbändiger
Energie.

Wege

Es gibt immer einen Weg.
Du hast ihn nur noch
nicht gefunden.

Unsere Bestseller

VOM KOPF INS HERZ
Der Bestseller in 5 Sprachen

Wir kennen sie, die weisen und tiefgründigen Zitate großer Dichter und Philosophen, die Volksweisheiten. Bleibt oft nur die Frage: Wie umsetzen?

Das Buch beschreibt und erklärt in lockerer, leichter und spannender Art deren tiefere Bedeutung.

ISBN 978-3-941633-10-0 (Deutsch)

Auch als Ebook erhältlich!

ENGLISCH
ISBN 978-3-941633-12-4

ITALIENISCH
ISBN 978-3-941633-13-1

FRANZÖSISCH
ISBN 978-3-941633-20-9

NIEDERLÄNDISCH
ISBN 978-3-941633-19-3

MEHR... VOM KOPF INS HERZ
Die Fortsetzung des Erfolgs-Buchs

Weitere 116 Tipps, Ideen und Rezepte auf den Punkt gebracht, zum Entdecken der inneren und äußeren Reichtümer unseres Lebens.

ISBN 978-3-941633-11-7
(Deutsch)

ISBN 978-3-941633-25-4
(Italienisch)

HEUTE, HIER, JETZT -
Ein Reiseführer durchs Leben

Lesen ist eine Reise. Wir machen uns auf den Weg,entdecken viel Schönes und danach fühlen wir uns reicher,erfüllt und inspiriert für das eigene Leben.

Wir öffnen den Blick für unser Wohlbefinden, für Körper, Geist und Seele.

Wir erhöhen die Aufmerksamkeit und Wertschätzung für unser Zusammenleben, unseren Lebensraum, für Natur und Kultur.

Nehmen wir uns die Zeit, die wir brauchen, erkennen wir das Wesentliche für uns alle!

ISBN 978-3-941633-24-7

Unsere Bestseller

GLÜCKLICH SEIN VERLEIHT FLÜGEL

So geht es besser mit Dir und den anderen.

Überprüfen Sie Ihre Gewohnheiten und Denkmuster mit 50 wertvollen Profi -Tipps. Mit kleinen Schritten erreichen Sie spürbare Veränderungen und werden innerlich zufriedener, motivierter und glücklicher.

ISBN 978-3-941633-47-6

KLEINE SCHRITTE GROSSE VERÄNDERUNG

So geht es besser mit Dir und den anderen

Überprüfen Sie Ihre Gewohnheiten und Denkmuster mit 50 wertvollen Profi-Tipps. Mit kleinen Schritten erreichen Sie spürbare Veränderungen und werden innerlich zufriedener, motivierter und glücklicher.

ISBN 978-3-941633-48-3

KNIPS DEIN LICHT AN

Mit Lebendigkeit und Leichtigkeit durchs Leben

Mit über 50 wertvollen, leicht umsetzbaren Profi -Tipps ist dieses Buch wie eine Reise zu Ihren persönlichen Möglichkeiten. Bringen Sie Licht und Lebenssinn in Ihr Leben.

ISBN 978-3-941633-49-0

Zauberhafte Momente
Magico del Momento

Lassen Sie sich verzaubern von der erlesenen Auswahl unterhaltsamer, feinfühliger Erzählungen und Herzensweisheiten. Einige Geschichten sind direkt aus dem Leben gegriffen, andere gehen zurück auf alte überlieferte Weisheiten. Allen gemeinsam sind die darin verborgenen Botschaften, die zum Nachdenken anregen, berühren, inspirieren und zugleich das Herz erfreuen.

ISBN 978-3-941633-55-1 (D)
ISBN 978-3-941633-65-0 (IT)

MANAGER DES ERFOLGS
Gesetze des Erfolgs und Lebensglücks

Volle Kraft voraus!

Sich einen kühlen Kopf, sein Herzklopfen, sein Lachen und sein Staunen bewahren. Sich nicht unterkriegen lassen. Reich fühlen, gelassen in seiner Mitte ruhen, seinen Weg gehen und den eigenen Ausdruck finden. Anteil nehmen an der umgebenden Vielfalt, der ungeheuren Tiefe, der großen Schönheit des Lebens! Gut zu sich sein!

ISBN 978-3-941633-50-6

Auch als Ebook erhältlich!

Highlight

DAS DOPPELBUCH
Zwei Bestseller in einem

Ein Buch mit zwei Büchern in einem Einband - ein ausgefallenes Geschenk für Menschen, die sich auf der Reise durchs Leben befinden

Specials

Kommunikationsbuch:
Kommunikation ist unser Leben

Wir tauschen Wissen, Meinungen und Gefühle aus und versuchen zuverstehen, was der andere denkt und fühlt. Ob im Beruf oder im alltäglichen Leben: Wir befinden uns ständig in Kommunikation mit anderen Menschen. Wir erleben jeden Tag, wie sichtig es ist, mit unserem Partner richtig zu kommunizieren, um eine harmonische Beziehung führen zu können. Im Beruf wollen wir ein gutes Miteinander mit unseren Kollegen und Mitarbeitern führen, an einem Strang ziehen, um erfolgreich sein zu können.

Willst auch du lernen, wie du besser mit deinen Mitmnschen kommunizierst, Missverständnisse, Streit und Diskussionen ganz einfach aus der Welt schaffen kannst und damit Harmonie und Lebensqualität gewinnst?